DESCRIPTION

DU

LIVRE D'HEURES

DU

PRIEURÉ DE SAINT-LO

(DE ROUEN)

PAR A. BACHELIN

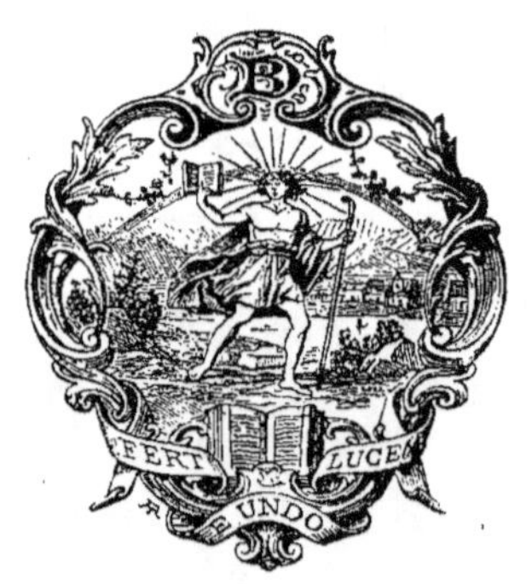

PARIS

LIBRAIRIE BACHELIN-DEFLORENNE

3, quai Malaquais, 3

MÊME MAISON A LONDRES, GARRICK-STREET, COVENT-GARDEN

MDCCCLXIX

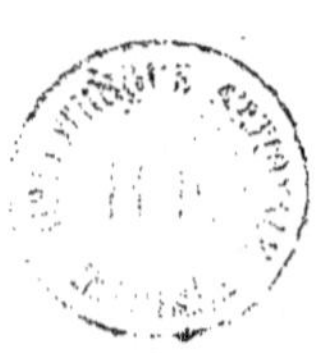

DESCRIPTION

DU

LIVRE D'HEURES

DU

PRIEURÉ DE SAINT-LO

(DE ROUEN)

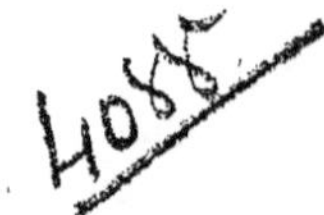

Paris. — Imprimé chez JULES BONAVENTURE,
55, *quai des Grands-Augustins.*

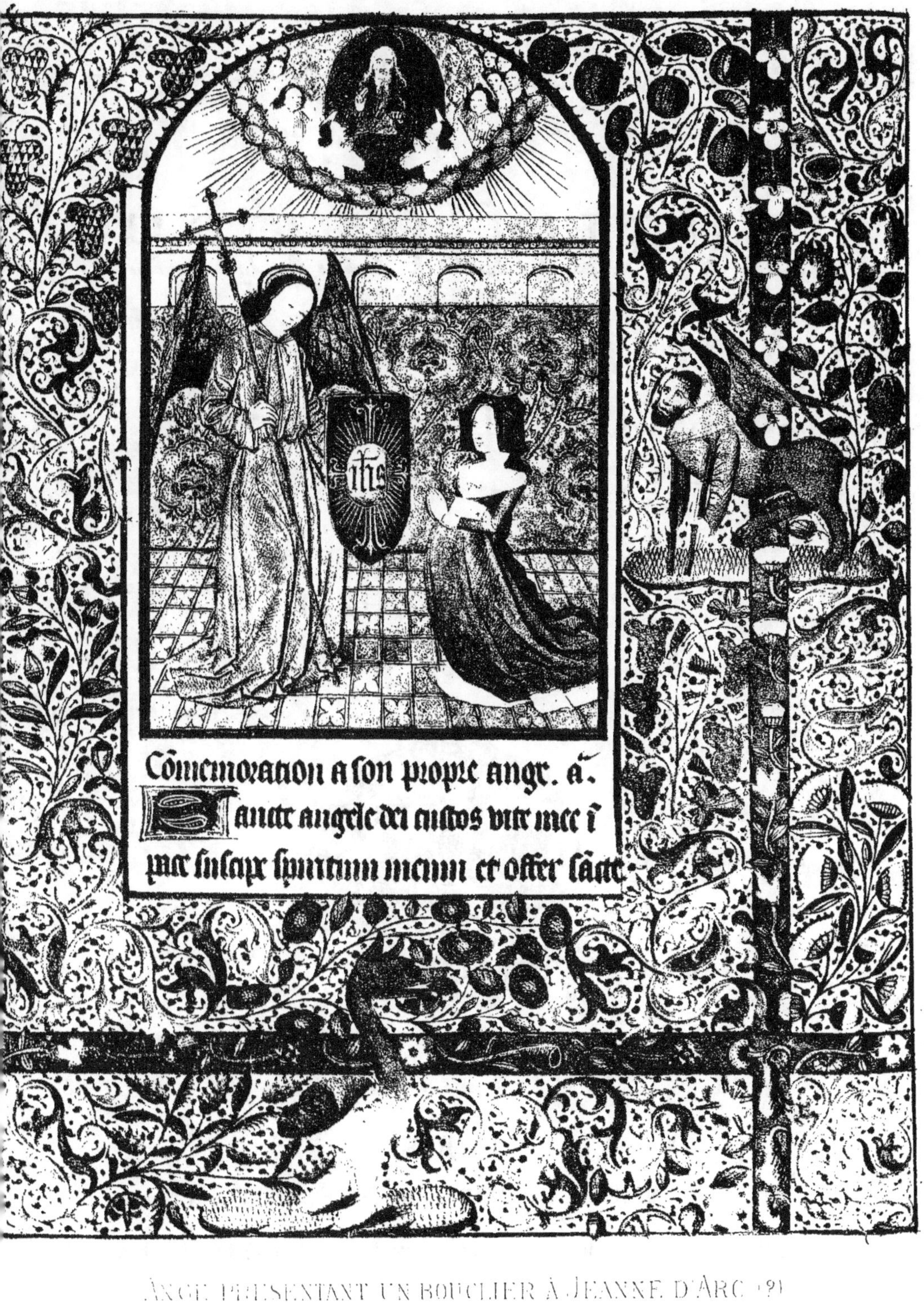

ANGE PRÉSENTANT UN BOUCLIER À JEANNE D'ARC (?)

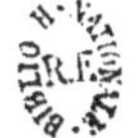

Imp. Ch. Chardon aîné, Paris.

DESCRIPTION

DU

LIVRE D'HEURES

DU

PRIEURÉ DE SAINT-LO

(DE ROUEN)

PAR A. BACHELIN

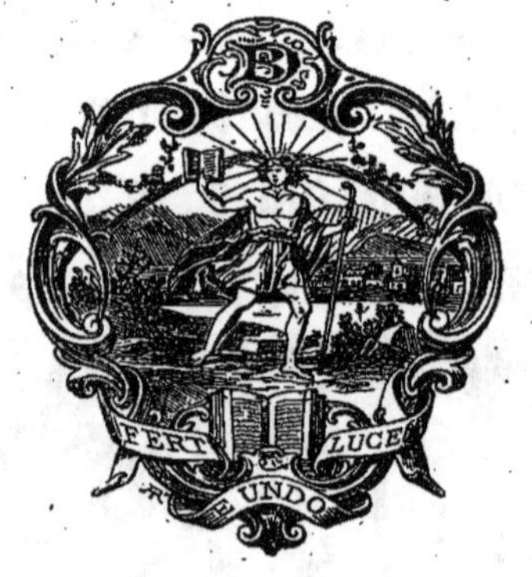

PARIS

LIBRAIRIE BACHELIN-DEFLORENNE
3, QUAI MALAQUAIS 3.
MÊME MAISON A LONDRES, GARRICK-STREET, 25, COVENT-GARDEN.
—
MDCCCLXIX

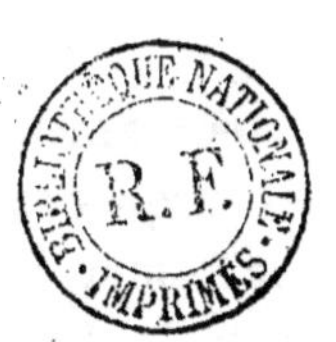

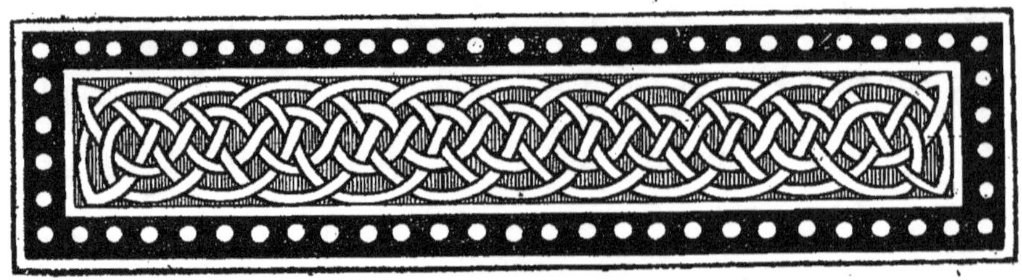

DESCRIPTION

D U

LIVRE D'HEURES

DU

PRIEURÉ DE SAINT-LO

(DE ROUEN)

I

DE tous les Livres d'Heures manuscrits qui ont été vendus aux enchères publiques jusqu'à ce jour, il en est peu qui puissent rivaliser pour le format, la fraîcheur de la conservation, le nombre et la beauté des miniatures et la magnificence des bordures, avec les Heures du Prieuré de Saint-Lô.

D'un format plus grand que le Livre d'Heures de la dame de Saluces, faisant partie de la vente Yemeniz, et que le Livre d'Heures de la maison de Schoenborn (que nous avons tout récemment vendu au prix de 29,400 fr., y compris les frais payés par l'acquéreur), le manuscrit des Heures de Saint-Lô nous paraît supérieur au premier comme condition, et égal au second comme valeur, surtout si l'on tient compte de son importance considérable au point de vue de la provenance.

Le Livre d'Heures du prieuré de Saint-Lô a déjà passé en vente en 1861 ; il fut retiré au prix de 24,800 fr., le propriétaire ne voulant pas alors abandonner pour cette somme un trésor qu'il estimait à un plus haut

prix, et qui faisait l'admiration des savants et des amateurs les plus célèbres
et les plus connaisseurs.

L'auteur des *Peintures des Manuscrits*, M. le comte de Bastard, nous ra-
contait tout récemment combien l'illustre Berryer estimait ce manuscrit, sur
lequel il écrivit même un article enthousiaste dans la *Gazette de France*.
M. de Bastard lui-même attache le plus haut prix à ce joyau des Livres
d'Heures du xve siècle, et son opinion, qui peut à elle seule faire autorité, a
été corroborée en ces termes :

1° Par M. PAULIN PARIS, de l'Institut :

« Ce manuscrit, qui doit avoir été exécuté pour l'abbaye de Saint-Lô de
Rouen, est d'une richesse d'ornementation extraordinaire... Les miniatures
sont d'autant plus fines, plus correctes de dessin, que l'on avance dans l'ou-
vrage. On dirait que l'enlumineur s'est fait la main de mieux en mieux ; le
coloris et l'harmonie des nuances sont partout d'une admirable perfection ;
on peut en dire autant de l'écriture, dont la régularité, l'élégance n'ont peut-
être pas été surpassées ; il serait bien à regretter qu'un monument si remarquable de l'ancien art français ne demeurât pas en France, et je crois pouvoir
assurer qu'à peine enlevé par ces grands accapareurs de l'art du moyen âge,
les Anglais, il n'est pas un cabinet d'amateurs français qui ne se repente
de n'avoir pas pris les devants, et de ne l'avoir pas conservé à la France.

« Paris, 2 septembre 1867.

« PAULIN PARIS. »

2° Par M. VIOLLET-LEDUC, qui a écrit la note suivante :

« Manuscrit provenant de l'abbaye de Saint-Lô, fort beau, d'une conservation admirable, et pouvant être regardé comme un des plus beaux spéci-
mens des miniatures de cette époque. Il contient un très-grand nombre de
vignettes, l'histoire de Notre-Seigneur, des légendes des martyrs, fêtes de
l'année, etc., toutes exécutées par la même main.—Ecole française du nord.

« VIOLLET-LEDUC. »

3° Par M. l'abbé COCHET, qui s'exprimait ainsi dans une lettre à un savant
de ses amis :

« Ce manuscrit, du xve siècle, est un Livre d'Heures provenant de l'an-
cienne abbaye de Saint-Lô de Rouen. On pense communément qu'il a fait
partie de la belle collection de manuscrits que possédait à Rouen M. Bigot,
président au Parlement. Quoi qu'il en soit, le livre se recommande par lui-
même, et vous aurez rarement rencontré le pareil. Le nombre, la finesse et
la beauté des miniatures en font une œuvre rare... Ce serait un vrai malheur
qu'un pareil livre quittât la France. »

II

Après huit années, le Livre d'Heures du prieuré de Saint-Lô revient sous le feu des enchères publiques, et cette fois il sera vendu définitivement par suite du décès de M. Lebrument son propriétaire. Depuis huit ans, le nombre des amateurs et surtout des amateurs très-riches a heureusement augmenté ; les bibliophiles français ne redoutent plus la concurrence des bibliophiles étrangers, et tout nous fait espérer que ce manuscrit si précieux ne sortira pas de France, ainsi que le craignait, non sans raison, le savant abbé Cochet. Il est ainsi annoncé dans le Catalogue de la vente, qui aura lieu en avril prochain :

1. HEURES DU PRIEURÉ DE SAINT-LO DE ROUEN. Manuscrit du xv siècle, grand in-4°, de 283 millimètres de haut sur 200 millimètres de large, relié en velours rouge, avec fermoirs en argent doré et ciselé, et tranches ciselées et dorées.

« Magnifique manuscrit de la fin du xv siècle, sur PEAU DE VÉLIN, composé de 168 feuillets, enrichi de 58 GRANDES MINIATURES d'une admirable exécution, et dont toutes les pages sont ornées de bordures peintes, rehaussées d'or, et composées de fleurs variées, au milieu desquelles se jouent des êtres fantastiques, monstrueux, dans les attitudes les plus singulières et les plus grotesques. On y compte, en outre, près de 1,100 lettres initiales or et couleurs.

« Ce manuscrit provient du prieuré de SAINT-LO DE ROUEN ; il paraît avoir été exécuté par un artiste français habitant Rouen. Dans plusieurs des miniatures on reconnaît plusieurs anciens monuments rouennais, tels que l'ÉGLISE SAINT-OUEN, la CATHÉDRALE, la MONTAGNE SAINTE-CATHERINE ; dans plusieurs autres, on a cru distinguer des scènes de la vie de JEANNE D'ARC, dont le nom retentissait encore dans la mémoire de toutes les âmes pieuses et patriotiques. C'est ainsi qu'on peut, dans la huitième miniature, la croire représentée sous le costume d'une humble bergère ; dans la vingt-neuvième miniature, l'artiste la représente sous le même costume et avec les mêmes traits : elle est à genoux, et, les mains jointes, elle reçoit d'un ange un bouclier.

« Quoi qu'il en soit de cette conjecture, qui n'a rien d'exagéré, connaissant l'habitude qu'avaient les artistes miniaturistes de représenter des personnages contemporains dans les sujets pieux, il est permis d'affirmer qu'au seul point de vue artistique, le Livre d'Heures du Prieuré de Saint-Lô est digne de figurer dans les plus somptueux cabinets d'amateurs. »

PREMIÈRE MINIATURE.

L'ANNONCIATION (*folio 13 recto*).

La sainte Vierge, à genoux devant un prie-dieu recouvert d'un drap rose, frangé d'or, et soutenant un Livre d'Heures ouvert, contemple un ange vêtu d'une lévite blanche et d'une chape d'or à ornements roses et bordés de pierreries. Cet ange tient de sa main droite une longue banderole sur laquelle est écrit : *Ave, gratia plena, Dominus tecum.* Au-dessus de cette banderolle se trouve une blanche colombe figurant le Saint-Esprit. Sainte Marie est revêtue d'une robe bleue bien drapée, à reflets d'or. Entre elle et l'ange, se trouve un *pot* (type de la faïence rouennaise de cette époque) à ornements bleus sur fond blanc, duquel s'élance un lys aux fleurs épanouies. Le fond de la miniature est occupé par les arceaux d'une chapelle gothique dont le sol est couvert de *carreaux émaillés.* Plusieurs carreaux sont ornés d'une lettre A barrée. Adam et Eve, peints en fresque d'or, forment en quelque sorte la clé de voûte de cette chapelle.

La bordure de cette miniature est composée de fleurs diverses, peintes au naturel, sur un fond d'or mat. Deux hommes, l'un vêtu d'un costume du temps, l'autre entièrement nu, sauf les pieds, qui sont chaussés de noir, sont à genoux dans cette bordure, où l'on remarque encore un perroquet vert au bec et aux pattes roses.

DEUXIÈME MINIATURE.

LA VISITATION (*folio 22 recto*).

Dans un jardin aux allées sinueuses, la sainte Vierge rencontre sainte Anne ; elle est suivie de deux anges ; au delà de ces quatre personnages, deux châteaux aux tourelles nombreuses et élevées se profilent à l'horizon.

La bordure est composée de feuilles d'acanthe aux branches artistement enlacées, entre lesquelles on remarque, en haut, à droite, un lapin ; en bas, au milieu, un sauvage armé d'une massue et à cheval sur un bœuf, dont la tête est verte et dont le corps est jaune. La lettre onciale du texte : *Deus in adjutorium,* contient une fleur de lys peinte en bleu sur fond d'or.

TROISIÈME MINIATURE.

JÉSUS TRAHI PAR JUDAS (*folio* 31 *recto*).

La nuit est claire et le ciel parsemé d'étoiles brillantes. De nombreux hommes d'armes, dont quelques-uns portent des torches allumées, accompagnent Judas, qui, embrassant Jésus, donne le signal de l'arrestation. Le Christ tient la tête d'un homme vêtu de jaune et dont l'oreille vient d'être coupée par saint Pierre; ce dernier est sur le premier plan à droite, il remet son épée au fourreau.

Sur la bordure, composée de fraises, de fleurs et de feuilles aux couleurs harmonieuses, se détachent deux êtres fantastiques.

QUATRIÈME MINIATURE.

ADORATION DU SAINT SUAIRE (*folio* 32 *verso*).

Les Apôtres, accompagnant sainte Marie, sont à genoux dans une église gothique, au pied d'un autel sur lequel se détache vigoureusement l'image du saint Suaire.

Dans la bordure, un homme au col de girafe, passe, dans une attitude bouffonne, au-dessous de la miniature.

CINQUIÈME MINIATURE.

NAISSANCE DE JÉSUS (*folio* 34 *recto*).

Jésus vient de naître : son corps divin est étendu sur le sol. A droite, la sainte Vierge, à gauche, saint Joseph, et, plus loin, deux anges sont à genoux auprès du Fils de Dieu : ils prient. L'âne et le bœuf évangéliques broutent au fond de la miniature, au ratelier d'une grange, dont le toit de chaume est délabré.

Dans la bordure, on remarque une femme qui, tenant le sceptre de la folie, s'agite en d'étranges contorsions, et, plus haut, une autre femme à tête de loup, à queue de paon, appuyant la main droite sur son corsage.

SIXIÈME MINIATURE.

FLAGELLATION DE JÉSUS (*folio* 38 *verso*).

Cette scène douloureuse se passe dans une vaste salle gothique, au sol dallé de carreaux émaillés. Jésus est attaché à un poteau ; le sang coule de toutes parts sur son corps nu. Quatre bourreaux le frappent dans des attitudes cruelles.

Un paon et un oiseau à tête de renard se jouent au milieu de la bordure.

SEPTIÈME MINIATURE.

L'ASCENSIÓN (*folio* 39 *verso*).

Les Apôtres et sainte Marie sont réunis autour d'un rocher, au sommet duquel on découvre l'empreinte des pieds de Jésus, dont le corps vient de disparaître à moitié dans un nuage bleu.

Un dromadaire à tête de cheval et un griffon ailé s'agitent dans la bordure de fraises et de feuilles d'acanthe.

HUITIÈME MINIATURE.

LA NUIT DE NOEL (*folio* 40 *verso*).

Trois bergers, l'un appuyé sur un bâton noueux, l'autre renversé sur le sol par la surprise, et le troisième jouant du bignou, contemplent dans l'espace, un ange aux ailes d'or qui déroule une banderole, sur laquelle est écrit : *Gloria in excelsis Deo.* Une bergère, *que l'on croit être* JEANNE D'ARC, assise à droite de cette belle composition, attire à elle un agneau et le caresse. Le fond de la miniature est occupé par une ville fortifiée, au delà de laquelle s'étendent des côteaux bleuâtres, dont la base est baignée par les flots argentés d'une rivière sinueuse.

Dans la bordure on voit un loup ravissant un mouton, et un homme brandissant une massue.

NEUVIÈME MINIATURE.

JÉSUS PORTANT SA CROIX (*folio* 44 *verso*).

Jésus, harassé de fatigue, porte péniblement sa croix dans un chemin rocailleux. Un homme aide le fils de Dieu à traîner ce lourd fardeau, sous les yeux de la sainte Vierge, qui pleure et se lamente. Des hommes d'armes, aux types barbares, entraînent Jésus par une corde qui l'étreint à la taille. Un château fort et les tourelles d'une ville apparaissent au second plan de cette belle composition, dont la bordure se fait remarquer par deux fous, l'un jouant du bignou, et l'autre agitant sa marotte.

DIXIÈME MINIATURE.

LE SAINT-ESPRIT APPARAIT AUX APOTRES (*folio 45 recto*).

Une blanche colombe plane au plus haut de la nef d'une cathédrale gothique admirablement peinte. Des langues de feu tombent de toutes parts sur les Apôtres et sur la sainte Vierge, qui, debout ou agenouillés et groupés avec art, joignent les mains en signe d'adoration.

Dans la bordure on voit, d'un côté un vieillard priant et sortant à mi-corps de la corolle d'une fleur, et d'un autre côté une sorte de dromadaire aux jambes tordues.

ONZIÈME MINIATURE.

L'ADORATION DES MAGES (*folio 46 recto*).

Cette scène charmante est représentée avec beaucoup d'art. La sainte Vierge, au visage doux et aux longs cheveux blonds épars sur ses épaules, est assise et porte en ses bras l'enfant Jésus. A sa droite un Mage lui présente un calice, un autre, plus âgé, est à genoux et prie ; sa couronne d'or est déposée à ses pieds ; à sa gauche saint Joseph contemple l'Enfant-Dieu et le plus jeune des trois mages lui offre un vase d'or. Ces divers personnages aux costumes variés et brillants sont réunis dans une grange ouverte à tous les vents.

Un être singulier, coiffé d'un chapeau bleu à couronne d'or passe dans la bordure du bas. Le haut de son corps est d'un homme. Le... comment le dire ?... le centre de gravité est pourvu d'un nez camus se rattachant par le haut à des yeux ronds et par le bas à une bouche aux lèvres épaisses ; le tout est soutenu par deux jambes d'homme chaussées de noir.

DOUZIÈME MINIATURE.

JÉSUS MIS EN CROIX (*folio* 49 *recto*).

Le Fils de Dieu vient d'être attaché à la croix gisant sur le sol. Sur le premier plan un forgeron aiguise les clous qui devront percer les pieds du Sauveur. Au pied de la croix deux bourreaux tirent avec une cruelle énergie sur une corde qui lie les pieds du Christ; au sommet de cette croix deux autres bourreaux frappent à coups redoublés sur les clous qui riveront les mains du Fils de Dieu au bois sacré. Quatre spectateurs aux costumes riches et amples assistent à ce douloureux spectacle. Dans la campagne lointaine et verdoyante s'élève un château fort.

Un perroquet et une sorte de lézard à tête fantastique, et dont la queue se rattache étrangement à un buste d'homme, figurent dans la bordure de cette admirable peinture.

TREIZIÈME MINIATURE.

APÔTRE PRÊCHANT (*folio* 50 *recto*).

L'un des Apôtres accompagné de plusieurs disciples, et entouré de onze personnages aux costumes divers prêche du haut d'une chaire portative. Au delà de ces personnages s'étend une verte prairie baignée par une rivière et bornée à l'horizon par un château fortifié.

Une fauvette et un être moitié chien, moitié homme ressortent au milieu de la bordure composée en général de feuilles de vigne et de raisins.

QUATORZIÈME MINIATURE.

JÉSUS PRÉSENTÉ AU TEMPLE (*folio* 55 *recto*).

Trois jeunes femmes, dont l'une porte un panier contenant deux tourterelles, accompagnent saint Joseph et la sainte Vierge qui, à genoux et tenant l'enfant Jésus, le présente au Grand-Prêtre. Ce dernier est revêtu d'une chape d'or enrichie de pierres fines. Deux monstres, dont l'un à tête d'homme, se trouvent dans la bordure.

QUINZIÈME MINIATURE.

JÉSUS CRUCIFIÉ (*folio* 54 *verso*).

Cette miniature est d'une composition des plus dramatiques. Jésus, en croix, ayant à sa gauche et à sa droite les deux larrons également crucifiés, vient de recevoir un coup de lance sous le sein droit. Les saintes femmes, à cette vue, s'évanouissent au pied de la croix, tandis que les bourreaux et les hommes d'armes insultent à la majesté du Fils de Dieu.

SEIZIÈME MINIATURE.

BAPTÊME DE JÉSUS (*folio* 55 *verso*).

Jésus est debout jusqu'aux genoux au milieu d'une rivière aux flots bleus ; à sa gauche, saint Jean, revêtu d'un manteau d'or, lui verse sur la tête l'eau du baptême à l'aide d'un pot blanc à fleurs bleues ; à sa droite, un ange, dans une attitude respectueuse, soutient la robe bleue à reflets d'or du Christ. Le Saint-Esprit, sous la forme d'une colombe, plane au-dessus de cette scène, qui est encadrée d'un paysage charmant. Un papillon et deux oiseaux brillamment peints ornent la bordure.

DIX-SEPTIÈME MINIATURE.

LA FUITE EN ÉGYPTE (*folio* 56 *verso*).

Au fond de cette belle miniature, l'artiste a peint une ville fortifiée dont les murs sont baignés par une rivière sur laquelle naviguent quelques légers esquifs. Au premier plan, sainte Marie, portant son divin Fils, s'enfuit à reculons sur un âne que saint Joseph conduit par la guide. Une servante, portant un panier d'œufs, accompagne les saints fugitifs.

DIX-HUITIÈME MINIATURE.

DESCENTE DE CROIX (*folio* 59 *recto*).

Les saintes femmes sont au pied de la croix, où Jésus vient de mourir pour ressusciter bientôt. Elles pleurent et prient, tandis que trois hommes, dont Joseph d'Arimathie, descendent le corps inanimé du Fils de Dieu.

Dans la bordure apparaissent deux grotesques à tête humaine.

DIX-NEUVIÈME MINIATURE.

TRANSFIGURATION DE JÉSUS (*folio 60 recto*).

Le sujet de cette magnifique peinture se rencontre fort rarement dans les Livres d'Heures du xve siècle. Ici, il est rendu avec un profond sentiment de piété et de poésie. Jésus, revêtu d'une longue robe blanche, apparaît tout brillant d'or à ses disciples, sur une montagne verdoyante. Au-dessus du Christ on voit, dans la nue, Dieu le Père, Elie et Moïse. Dans le lointain, un paysage admirable encadre ce merveilleux tableau.

Un cerf et un chien vert sont peints dans la bordure quadrillée.

VINGTIÈME MINIATURE.

LE COURONNEMENT DE LA SAINTE VIERGE (*folio 61 recto*).

La sainte Vierge et Jésus-Christ sont assis chacun sur un trône d'or, d'une riche ornementation gothique. Leurs pieds s'appuient sur des coussins de velours brodés. Un ange dépose une couronne d'or sur la tête virginale de sainte Marie ; deux autres anges s'accompagnant l'un d'une harpe, l'autre d'une mandoline, paraissent entonner un hymne d'allégresse.

VINGT ET UNIÈME MINIATURE,

ENSEVELISSEMENT DE JÉSUS (*folio 65 recto*).

Joseph d'Arimathie, aidé d'un serviteur, ensevelit Jésus dans un tombeau de pierres violettes. Les saintes femmes assistent en pleurant à cette douloureuse cérémonie. Un château fort, d'une remarquable architecture, s'élève à l'horizon.

Dans la bordure une sorte de centaure souffle dans une longue trompette.

VINGT-DEUXIÈME MINIATURE.

LA RÉSURRECTION DES MORTS (*folio 66 recto*).

Le Fils de Dieu, assis sur un arc-en-ciel, les pieds appuyés sur un globe d'or, le front ceint de la couronne d'épines, le corps en partie revêtu d'un manteau de pourpre, montre ses divines plaies. Plusieurs anges, portant les insignes de la passion, entourent le Christ qui est tout environné d'étoiles d'or. Des hommes et des femmes nus sortent en tremblant de terre ; les Apôtres et la sainte Vierge, groupés à gauche et à droite de ce splendide tableau, contemplent avec adoration le Sauveur du Monde.

Une femme nue et un être moitié homme et moitié animal sont peints dans la bordure.

VINGT-TROISIÈME MINIATURE.

LE ROI DAVID ET NATHAN (*folio 67 recto*).

Cette miniature est l'une des plus importantes du manuscrit. Le Roi David à genoux auprès d'un prie-Dieu d'or, à l'entrée d'une cathédrale artistement dessinée, est en présence du prophète Nathan. Dans le ciel apparaît Dieu le Père, et, au-dessous, un ange d'or brandissant une longue épée. Dans le fond de la peinture une ville gothique, que l'on suppose représenter Rouen, s'élève pittoresquement au bord d'un fleuve sur lequel naviguent de beaux navires d'or.

La bordure se fait remarquer par un cerf que poursuit une levrette blanche et par un singe dont la posture indécente ne peut être décrite.

VINGT-QUATRIÈME MINIATURE.

LES TROIS MORTS ET LES TROIS VIFS (*folio 81 recto*).

Cette peinture est d'une beauté hors ligne. Trois jeunes gens, aux costumes brillants et montés sur des chevaux vigoureux, caracolent au milieu d'une verte prairie. Ils viennent d'arriver auprès d'une haute croix d'or, plantée au milieu de la vallée, lorsque tout à coup trois cadavres, squelettes vivants, se dressent devant eux et les glacent d'épouvante. Au delà de ces personnages on voit, à gauche le clocher, les tours et la porte d'une ville, à droite une autre ville dont les murs sont baignés par les flots d'une rivière argentée.

Au bas de la bordure, un squelette humain lance une flèche à un homme nu qui fuit avec terreur.

VINGT-CINQUIÈME MINIATURE.

L'ENTERREMENT D'UN ABBÉ (*folio* 85 *verso*).

Ce magnifique tableau représente les funérailles d'un prieur de Saint-Lô de Rouen ; il est permis d'affirmer qu'on ne saurait trouver dans les Livres d'Heures du XVe siècle le même sujet traité avec plus de grandeur, plus de science de la composition, plus d'exactitude dans les détails, plus de fraîcheur et d'harmonie dans le coloris.

Au milieu d'une magnifique église gothique se trouve un catafalque recouvert d'un vaste drap bleu, à brocarts d'or : quatre cierges brûlent dans quatre chandeliers d'or : à droite et à gauche, des moines, au costume entièrement noir, psalmodient l'Office des morts, tandis que le prêtre officie à l'autel ; au premier plan à droite, quatre chantres, groupés autour d'un lutrin, paraissent chanter à l'unisson.

Deux ours, dont l'un grimpant à un arbre d'or, sont peints dans la bordure.

VINGT-SIXIÈME MINIATURE.

JÉSUS DESCENDU DE LA CROIX (*folio* 108 *recto*).

Sainte Marie entourée des saintes femmes et de Joseph d'Arimathie est en prières devant Jésus, dont le corps roidi est étendu sur ses genoux : la croix sert d'appui à la sainte Vierge. Deux anges descendent des cieux pour joindre leurs prières à celles des saintes femmes. Dans le lointain une ville aux tours puissantes et élevées est peinte en perspective avec beaucoup d'art.

Une image du saint Suaire figure au bas de la bordure, et, plus haut, à droite, on remarque un être fabuleux moitié lion et moitié homme.

VINGT-SEPTIÈME MINIATURE.

LA SAINTE VIERGE ET SAINT JEAN (*folio* 111 *verso*).

Le sujet de cette miniature est symbolique et traité avec infiniment de goût.

La sainte Vierge assise sur un trône d'or, les pieds appuyés sur un coussin rose à brocarts d'or, tient d'une main une pomme et de l'autre main elle soutient l'enfant Jésus. Auprès de la Vierge saint Jean, debout, porte un calice d'or, dans lequel s'agite un serpent.

Un paon brillamment peint figure dans la bordure, où l'on voit encore un singe fantastique brandissant une épée d'argent.

VINGT-HUITIÈME MINIATURE.

SAINTE MARIE ALLAITANT L'ENFANT JÉSUS (*folio* 118 *verso*).

Plus nous avançons dans la description du Livre d'Heures de Saint-Lô, et plus nous remarquons une plus grande perfection dans l'exécution des miniatures, dans le dessin des têtes et des mains, et dans le choix des sujets. Celui-ci représente la sainte Vierge vêtue d'une robe bleue à reflets d'or. Ses longs cheveux blonds, retenus au front par un ruban, flottent sur ses épaules. Elle est assise sur un vaste trône d'or à dais sculpté et à dossier de soie rose brodée d'or. Ses pieds sont appuyés sur un coussin de velours rouge. Deux anges soutiennent, au-dessus de sa tête, une couronne ducale. D'une main elle porte l'enfant Jésus et l'attire doucement vers son sein virginal qu'elle vient de découvrir chastement. Une jeune femme, vêtue d'une robe rose et coiffée d'un capuchon noir, est à genoux auprès de la sainte Vierge. Cette jeune femme A LES MÊMES TRAITS ET LE MÊME COSTUME que celle qui est représentée dans la miniature (*huitième*) des Bergers, auxquels un ange annonce la naissance du Sauveur. Serait-ce encore le portrait de JEANNE d'ARC que l'artiste aurait voulu peindre ici ?

Dans la bordure on voit, à droite, un animal moitié chien, moitié renard, marchant avec des béquilles et tenant dans sa gueule une sébile de mendiant ; en bas, un homme dont le bas du corps est pourvu d'une longue queue, soutient péniblement cette queue qui, elle-même, porte un sceau bleu dont l'usage est difficile à expliquer.

VINGT-NEUVIÈME MINIATURE.

UN ANGE PRÉSENTANT UN BOUCLIER A UNE JEUNE FEMME QUE L'ON CROIT ÊTRE JEANNE D'ARC (*folio* 134 *verso*).

La même jeune femme, représentée dans la scène des Bergers et dans la précédente miniature, est ici peinte avec beaucoup de soin, sous les mêmes traits et avec le même costume. Elle est à genoux auprès d'un ange qui, d'une main porte une croix d'or, et de l'autre lui présente un bouclier rose à médaillon bleu. Dieu le Père, entouré de nombreux séraphins, apparaît dans la nue ; le sol est revêtu d'un beau carrelage émaillé. (*Voyez le fac-simile ci-contre.*)

Cette même jeune femme est représentée dans une vignette, moitié cheval, moitié femme, tenant une lance à la main et marchant au combat (*page* 145, 38me *miniature*).

TRENTIÈME MINIATURE.

NAISSANCE DE JÉSUS (*folio* 137 *recto*).

L'enfant Jésus étendu sur l'aire d'une grange ouverte à tous vents, est entouré de sainte Marie, de saint Joseph et de deux anges, qui tous prient à genoux. L'âne et le bœuf mangent au ratelier ; à droite, en dehors de l'étable, deux paysans regardent avec étonnement les saints personnages.

Dans la bordure, un perroquet, puis un homme, dont le bas du corps est d'un animal fantastique : il lance une flèche à l'aide d'un arc d'or.

TRENTE ET UNIÈME MINIATURE.

MARTYRE DE SAINT ÉTIENNE |(*folio* 138 *recto*).

Saint Étienne vient d'être arrêté dans l'anfractuosité d'un rocher, par quatre hommes qui frappent le saint à coups de pierre. Au delà du rocher s'étend un magnifique paysage qu'anime la vue d'une ville gothique.

Deux êtres fantastiques à tête humaine figurent dans la bordure.

TRENTE-DEUXIÈME MINIATURE.

SAINT JEAN DANS L'ILE DE PATHMOS (*folio* 139 *recto*).

Assis dans une île verdoyante, saint Jean écrit sur une longue bandelette, dont une extrémité est tenue par le bec de l'aigle évangélique. Le démon renverse l'écritoire de l'écrivain sacré. Plus loin, fermant l'horizon, on voit une ville aux nombreuses tours, aux clochers élevés et baignée par une rivière sur laquelle glissent légèrement des navires d'or. Dieu le Père apparaît à saint Jean, au plus haut du ciel, dans un nuage bleu.

TRENTE-TROISIÈME MINIATURE.

LE MASSACRE DES INNOCENTS (*folio* 140 *recto*).

Plusieurs hommes d'armes égorgent des enfants dans les bras de leurs mères. Ce sujet tragique est traité avec une grande science de composition. Un paon et une femme au costume pittoresque se trouvent dans la bordure.

TRENTE-QUATRIÈME MINIATURE.

MORT DE SAINT THOMAS DE CANTORBÉRY (*folio* 141 *recto*).

Cette peinture admirable est finie dans ses moindres détails. Saint Thomas revêtu de ses habits sacérdotaux est à l'autel disant la sainte messe. Au moment de l'élévation, il est tout à coup frappé d'un coup d'épée sur la tête et d'un coup de lance dans le dos, par des hommes d'armes qui viennent de faire irruption dans l'église. Cette église est d'un aspect grandiose : le sol est dallé de carreaux émaillés sur lesquels on voit les lettres A et R régulièrement répétées. Le costume des soldats anglais rappelle fidèlement celui de l'époque.

Un castor et un singe se jouent dans la bordure.

TRENTE-CINQUIÈME MINIATURE.

LA CIRCONCISION (*folio* 142 *recto*).

Sur une table soutenue au milieu par une colonne de marbre, et sur les côtés par des colonnettes d'or, l'enfant Jésus vient d'être apporté par sa divine mère, et déjà le Grand-Prêtre revêtu de somptueux vêtements opère la circoncision. Quatre hommes et trois femmes, aux costumes variés et brillants, assistent à cette cérémonie qui se passe dans une chapelle gothique d'un très-beau style.

TRENTE-SIXIÈME MINIATURE.

ADORATION DES MAGES (*folio* 143 *recto*).

Les trois Rois mages apportent leurs présents au Christ qui vient de naître, et que la sainte Vierge soutient dans ses bras. Le plus âgé des Rois mages est à genoux et offre un coffret rempli de pièces d'or, que l'enfant Jésus entr'ouvre d'une main dans une attitude charmante.

On remarque, dans la bordure, une Mélusine et une sorte de chien se mirant dans une glace.

TRENTE-SEPTIÈME MINIATURE.

LA PURIFICATION (*folio* 144 *recto*).

Sainte Marie et l'enfant Jésus accompagnés de saint Joseph et de trois emmes aux costumes rose, bleu et vert, sont dans un temple gothique en présence d'un Grand-Prêtre revêtu d'une chape à broderies d'or et enrichie de joyaux. Le Grand-Prêtre tient un linge blanc et il essuie les mains du Fils de Dieu.

Un être monstrueux moitié paon, moitié homme, s'appuie sur un long bâton d'or dans la bordure où l'on remarque encore une sorte de fou dont la tête barbue est extrêmement curieuse.

TRENTE-HUITIÈME MINIATURE.

SAINT MATHIEU (*folio* 145 *recto*).

Portrait en pied de ce saint tenant une lance d'une main et de l'autre un missel à reliure verte.

TRENTE-NEUVIÈME MINIATURE.

L'ANNONCIATION (*folio* 146 *recto*).

L'ange Gabriel aux ailes vertes et roses et le corps revêtu d'une chape rose à bordures d'or, chargée de joyaux, est en présence de la sainte Vierge, qui, à genoux devant un prie-Dieu, reçoit le Saint-Esprit que Dieu le Père envoie du haut des cieux. — Vue de ville à l'horizon. Centaure buvant dans une gourde et griffon dans la bordure.

QUARANTIÈME MINIATURE.

LA RÉSURRECTION DE JÉSUS (*folio* 147 *recto*).

Au milieu d'une campagne verdoyante, bornée à l'horizon par la vue d'une ville fortifiée, se trouve un vaste tombeau autour duquel quatre hommes d'armes sont endormis. Jésus, ressuscité, est debout au milieu d'eux, le corps enveloppé d'un manteau de pourpre, et tenant de la main gauche une longue croix d'or. Deux hommes, dont l'un sur un ours qu'il conduit par une bride, figurent dans la bordure.

QUARANTE ET UNIÈME MINIATURE.

L'ASCENSION (*folio* 148 *recto*).

Jésus vient de disparaître dans un nuage bleu ; on n'aperçoit plus que le bas de sa robe et ses pieds, dont l'empreinte est encore marquée sur un rocher qui occupe le milieu de la peinture, et autour duquel sont groupés sainte Marie et les Apôtres.

QUARANTE-DEUXIÈME MINIATURE.

LA PENTECÔTE (*folio* 149 *recto*).

Cette belle peinture représente la descente du Saint-Esprit au milieu des Apôtres, qui sont réunis dans une église d'un très-beau style architectural. Sainte Marie, assise et tenant un missel sur ses genoux, est au milieu d'eux. Dans la bordure on remarque un homme et une sorte de griffon à tête fantastique.

QUARANTE-TROISIÈME MINIATURE.

LA SAINTE TRINITÉ (*folio* 150 *recto*).

Dieu le Père assis sur un trône garni de brocard d'or, sous un vaste dais de pourpre doublé d'une étoffe verte que soulèvent deux anges, porte sur ses genoux Jésus-Christ, dont les divines plaies saignent abondamment.

Le Saint-Esprit, sous la forme traditionnelle de la Colombe, plane entre les deux têtes du Père et du Fils. Deux anges sont à genoux aux pieds du divin groupe. Un lapin et une figure de lion à tête humaine, coiffée de la tiare papale, se font remarquer dans la bordure.

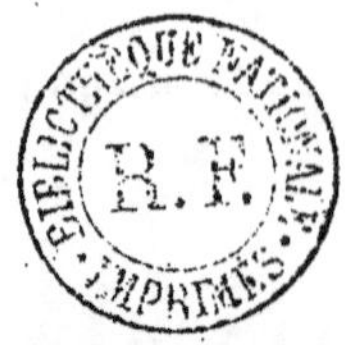

QUARANTE-QUATRIÈME MINIATURE.

PROCESSION DU SAINT-SACREMENT DE L'AUTEL (*folio* 151 *recto*).

Le Saint-Sacrement exposé dans un calice d'or sous une belle châsse gothique aussi d'or est porté par deux prêtres, lesquels sont entourés de divers personnages tenant de longs cierges allumés. Un enfant de chœur agitant une sonnette de chaque main suit la procession. Quatre hommes vêtus de robes bleues soutiennent un large dais de pourpre.

QUARANTE-CINQUIÈME MINIATURE.

DÉCAPITATION DE SAINT JEAN (*folio* 152 *recto*).

Cette peinture, l'une des plus splendides du manuscrit, représente la décapitation de saint Jean sur une place publique. Au fond du tableau se trouve une maison gothique admirablement dessinée et peinte, dans laquelle on voit assis autour d'une table somptueusement servie le roi Hérode, Salomé, fille d'Hérodias, et la mère de cette dernière. Hérode a vu danser Salomé et lui promet de lui accorder tout ce qu'elle demandera. Salomé se penche vers sa mère, qui lui donne le conseil de demander la tête de saint Jean. Cette scène a été rendue avec une grande puissance de composition par le miniaturiste. Une femme, précédée d'une levrette, vient auprès du bourreau demander la tête de saint Jean, qu'elle apportera sur un plat d'argent qu'elle tient en ses deux mains.

Cette remarquable peinture offre, comme on le voit, le mérite de renfermer trois tableaux en un seul; ces trois tableaux sont la scène du festin dans le fond, la prison de saint Jean, et, sur le devant, la décapitation.

Deux êtres monstrueux à tête humaine et capricieusement dessinés s'agitent dans la bordure

QUARANTE-SIXIÈME MINIATUR

SAINTE MARIE MADELEINE (*folio* 153 *recto*).

Dans un pré fleuri, entouré de palissades d'or, sainte Marie Madeleine vient de tomber aux pieds du Christ. Une sorte d'urne contenant des parfums se trouve entre la sainte pécheresse et le divin Sauveur. Beau paysage à l'horizon.

QUARANTE-SEPTIÈME MINIATURE.

MARTYRE DE SAINT LAURENT (*folio 154 recto*).

Voici l'une des scènes les plus dramatiques du Livre d'Heures du Prieuré de Saint-Lô.

Saint Laurent, étendu sur un long gril au-dessous duquel pétillent des flammes, est entouré de quatre bourreaux ; l'un jette du charbon dans le feu, l'autre active les flammes du bûcher à l'aide d'une fourche de fer ; le troisième souffle ce brasier terrible avec un soufflet rustique ; le quatrième, enfin, détourne son visage comme pour indiquer que, même de loin, les flammes du bûcher sont ardentes et dangereuses. Cinq spectateurs, aux costumes magnifiques, assistent à ce douloureux martyre. Un château fort et des montagnes bleuâtres artistement étagées s'estompent à l'horizon de ce beau tableau. Un oiseau et un âne à tête humaine portant un sac de charbon, se trouvent dans la bordure.

QUARANTE-HUITIÈME MINIATURE.

L'ASSOMPTION (*folio 155 recto*).

Sainte Marie, vêtue d'une robe bleue à reflets d'or, et soutenue par six anges roses, verts et d'or, monte aux cieux vers Dieu le Père qui, entouré de séraphins et tenant une couronne ducale en ses mains divines, occupe le haut d'un ciel constellé d'étoiles d'or.

QUARANTE-NEUVIÈME MINIATURE.

PORTRAIT DE SAINT LO (*folio 156 recto*).

Admirable portrait en pied de saint Lô, représenté dans une merveilleuse chapelle gothique, dont le sol est couvert de carreaux émaillés, où la lettre A est souvent répétée. Le texte qui se trouve au-dessous de ce tableau commence ainsi :

CÔMEMORATION DE MONS. SAÎT LO NRE PATRON.

Cette dédîcace prouve à la fois et que ce livre provient de l'abbaye de Saint-Lô, de Rouen, et qu'il est l'œuvre d'un moine de cette communauté.

CINQUANTIÈME MINIATURE.

SAINT MICHEL TERRASSANT LE DÉMON (*folio* 157 *recto*).

Cette miniature est d'une composition hors ligne. Saint Michel, revêtu
d'une cuirasse, de brassarts et de cuissarts d'or, ses ailes rose et bleu déployées
au vent, vient de terrasser un hideux démon, qu'il frappe de son épée en se
parant d'un bouclier, aux extrémités duquel un autre démon s'arcboute à
l'aide de griffes puissantes. Une vaste campagne baignée par une rivière
argentée, entourant des îlots verdoyants, encadre ce ravissant tableau.

CINQUANTE ET UNIÈME MINIATURE.

MARTYRE DE SAINT SÉBASTIEN (*folio* 158 *recto*).

Le drame se passe dans une belle prairie bornée à l'horizon par une ville
et par un château-fort bâti sur une haute montagne.

Saint Sébastien vient d'être attaché, nu, à un arbre; deux archers, les arcs
tendus et visant avec soin, vont frapper le saint, dont le corps est déjà percé
de six flèches. Quatre spectateurs assistent, à gauche, à ce cruel martyre.

On voit dans la bordure un paon à pattes de lion, à buste d'homme, à tête
de singe, et un homme monstrueux tirant de l'arc.

CINQUANTE-DEUXIÈME MINIATURE.

SAINT JACQUES ET SAINT PHILIPPE (*folio* 159 *recto*).

Portraits en pied de ces deux apôtres. Dans la bordure, deux monstres
s'agitant en des contorsions bizarres.

CINQUANTE-TROISIÈME MINIATURE.

JÉSUS EN CROIX (*folio* 160 *recto*).

Le Christ est en croix : à sa droite la sainte Vierge, à sa gauche saint Jean;
au fond du tableau, vue de château dans une campagne verdoyante.

Un geai, à tête humaine, et un autre monstre se trouvent dans la bordure.

CINQUANTE-QUATRIÈME MINIATURE.

LA TOUSSAINT (*folio* 161 *recto*).

Environ trente saints et saintes, papes, évêques, martyrs, vierges, etc., peints avec infiniment d'art, sont groupés au-dessous d'un vaste trône d'or, sur lequel apparaît le Maître du Monde, entouré d'une multitude de séraphins. Rien de frais et d'harmonieux comme le coloris de ce beau tableau.

CINQUANTE-CINQUIÈME MINIATURE.

SAINT MARTIN (*folio* 162 *recto*).

Une ville gothique et fortifiée,—la même, comme dessin, que plusieurs de celles que nous avons déjà indiquées, et que l'on peut croire être Rouen au xv⁰ siècle,—est peinte à gauche de cette magnifique miniature. Saint Martin, richement vêtu, sort de l'une des portes de cette ville; il est monté sur un cheval somptueusement caparaçonné, et vient de rencontrer un vieillard boîteux pour qui saint Martin coupe une partie de son manteau de pourpre. Un cheval à buste d'homme et à tête humaine passe dans la bordure.

CINQUANTE-SIXIÈME MINIATURE.

MARTYRE DE SAINTE CATHERINE (*folio* 163 *recto*).

Sainte Catherine, aux longs cheveux blonds rejetés sur l'épaule gauche, est à genoux et prie avec ferveur. Le bourreau, l'épée levée, va la décapiter, en présence de cinq personnages richement vêtus. Deux roues brisées sont peintes à gauche de ce tableau, dont le fond est occupé par une vue de ville.

CINQUANTE-SEPTIÈME MINIATURE.

MARTYRE DE SAINT ANDRÉ (*folio* 164 *recto*).

La face rayonnante de foi, saint André est étendu sur une croix en sautoir, à laquelle deux bourreaux attachent ses bras et ses jambes en présence de cinq hommes, dont l'un porte le costume des bourgeois normands du xv⁰ siècle. Un paysage charmant s'étend, selon les lois de la perspective, au delà de ce groupe admirablement peint.

CINQUANTE-HUITIÈME MINIATURE.

JÉSUS-CHRIST (*folio* 165 *recto*).

Jésus, dont la divine tête est peinte avec un art infini, est debout entre deux anges roses. Il tient de sa main gauche un monde sommé d'une croix d'or, et de l'autre il paraît bénir l'humanité tout entière. Le Christ est vêtu d'une robe bleue, drapée avec goût. Son attitude est calme, douce et souveraine tout à la fois, et il ne fallait rien moins que la foi profonde des artistes du moyen âge pour comprendre ainsi la personnification du Fils de Dieu.

La bordure de cette splendide peinture est, comme toutes les précédentes, d'une richesse de coloris, d'une variété d'ornementation extraordinaire. Dans le bas de cette bordure, on remarque un sauvage tirant de l'arc, et, plus haut, un être curieux ayant la tête d'une femme, le buste d'un homme, le corps d'un poisson, et les pattes d'un oiseau ; la queue se termine en moulin à vent. Sur la tête de ce monstre un sac de blé est lourdement posé, et, plus bas, une quenouille est attachée à la ceinture du buste.

Tel est le Livre d'Heures du Prieuré de Saint-Lô de Rouen. Nous avons été aussi sobre que possible de détails, et nous avons soigneusement évité d'entrer dans les considérations techniques que comporterait l'étude d'un semblable manuscrit ; nous laissons à l'amateur qui sera l'heuréux acquéreur de ce trésor du XVe siècle, le plaisir de découvrir mille beautés que nous n'avons fait que signaler très-succinctement, ou qui même ont échappé complétement à notre attention. Plus on examine ce splendide Livre d'Heures, plus il plaît, plus il émotionne, plus il instruit. Les miniatures, les bordures de chaque page, le texte enfin qui est calligraphié avec une incroyable perfection et dont une grande partie est en vieux français, rien ne laisse à désirer au double point de vue de l'exécution et de la conservation. Puisse donc ce merveilleux spécimen de l'art françnis au moyen âge ne pas quitter notre pays !

FIN.

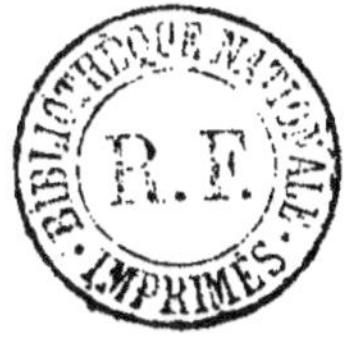

TABLE DES MINIATURES.

Paris.—Imprimé chez J. Bonaventure, quai des Grands-Augustins, 55.

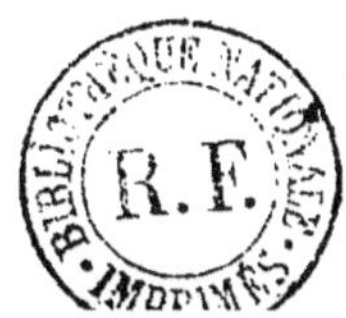

Paris. — Imprimé chez Jules Bonaventure,
55, quai des Grands-Augustins.

www.ingramcontent.com/pod-product-compliance
Lightning Source LLC
Chambersburg PA
CBHW051317060726
47596CB00004B/1357